उठो जागो

दुर्गा सिंह उदावत

notionpress.com

INDIA · SINGAPORE · MALAYSIA

Notion Press Media Pvt Ltd

No. 50, Chettiyar Agaram Main Road,
Vanagaram, Chennai, Tamil Nadu – 600 095

First Published by Notion Press 2021
Copyright © Durga Singh Udawat 2021
All Rights Reserved.

ISBN 979-8-88521-239-7

अंतर्वस्तु

01

लक्ष्य पर निशाना

'हाथ पर हाथ' धरे, क्यों बैठे हो ?
क्या कोई काम नही ? या,
जीवन संघर्ष की बोतल में
इच्छाओं से भरा कोई जाम नही है ?

मुँह लटकाए क्यों बैठे हो ?
कोई करार नही है, या
मन तुरंग पर आशाओं का सवार नही है ?

सर झुकाए क्यों बैठे हो ?
कोई कल्पना नही है या,
हास्यमय जीवन में रंगों की अल्पना नही है ?

आँखें मींचे क्यो बैठे हो ?
कोई सोच नही है या,
कुछ कर गुजरने का तुममें जोश नही है ?

मुँह बायें क्यों बैठे हो ?
कोई अल्फाज नही है या
जहाँ में बुलन्द हो तुममें ऐसी आवाज नही है ?

दीपक क्या निहारते हो
कोई तारा नही है या
किसी लक्ष्य को तुमनें पुकारा नही है ?

चेहरा निस्तेज क्यों है ?
इसमें आब नही है या,
जीवन में सुख दे ऐसी उमंग की शराब नही है ?

सिसकियाँ क्यों भरते हो ?
कोई प्यार नही है या
कि जीवन में अरमानों की बहार नही है ?

परछाई क्यों देखते हो ?
तुम्हारा अक्ष नही है या
जीवन में लक्ष्य नही है ?

है सब कुछ तुममें ये क्यों भूलें हो,
लक्ष्य और कर्म के मँझधार में झूले हो ।
देखो जीवन को 'बिन कर्म' ये बोर नही है ?
उठो चलो कर्मशील को कहीं ठौर नही है ।
श्रम बिना हो जीवन, ऐसा दौर नही है
'उठो' चलों 'कर्मशील' को, कहीं ठौर नही है ।

02

निखार

निराशा की लगाम कस
बन तू आस का सवार
समुद्र के उफान सा
बहा दे श्रम का इक ज्वार

छोड़ झूठी कल्पना को
तू लगन से कर ले प्यार
देख फिर तेरा पसीना
लायेगा कैसी बहार

हार जो महसूस हो तो
देख जीत का करार
कर दे इक तू तन-मन को
हार से, खुद को उबार

बुलन्द कर अपने 'अहम' को
और खुद को तू पुकार
बन के फिर फौलाद
जीवन के समर में कर प्रहार

छोड़ के शिकवे गिले सब
असफलता के विचार
कर्म के इस क्षेत्र में तू
कूच को हो जा तैयार ।

संसार सागर में है
तेरा कर्म ही इक सूत्रधार
डोल न जाये ये नैया
बन जा अपनी ही पतवार ।

पर्वतों को चीर कर
फिर रास्ते अपने सँवार
विपत्ती के मँझधार में
कर ले अपनी नैया पार ।

रूप यौवन ना सदा
ये तो प्रकृति का इक उपहार
संघर्ष की अग्नि में तप
खुद को सोने सा निखार ।

कर दे ऐसा कि 'खुदी' पर
'होना पड़े ना' शर्म-सार
मौत है तेरी अमानत
जिंदगी है एक उधार ।

03

सफर मंजिल का

डग तू भर डगर-डगर
तय फासले जीवन के कर
पा मंजिले मुकाम तू
पर खत्म ना सफर को कर ।

ये मंजिले बयाँ करेगी
तेरे सफर की दास्ताँ
तेरी गर्म जोशियाँ तुझको दिखायें रास्ता
हर निगाह तुझको निहारे
कुछ तो ऐसा काम कर
पा मंजिलें मुकाम तू पर खत्म ना सफर को कर।

नीड़ का निर्माण तो है हर परिन्दा कर रहा
तू तो मानव है तेरी होगी बता क्या रह गुजर
सोच के दीपों में भर तू स्नेह अपनी लगन का
और फिर अहसास कर तू सूर्य की अगन का
बन जा ध्रुवतारक सा तू
सबमें दिशा का ज्ञान भर
पा मंजिले मुकाम तू पर खत्म ना सफर को कर ।

मंजिलों के ये, निशाँ तुझको दिलायें हौसला
किन्तु मंजिलों में रहता है, कदम का फासला
जा के, 'किसी मुकाम पर, हो अगर, 'तेरी गुजर'
मन में ना संतोष हो, और कदम जायें ठहर,
'खींचला' अपने जूनूं को, बन जा आँधी की 'लहर'
पा मंजिले मुकाम तू पर खत्म ना सफर को कर
डग तू भर डगर-डगर तय फासले जीवन के कर ।

04

दृष्टिकोण

जीने को तो जहाँ में हर एक है जिया
जिंदा है वही जिसने, जीना सिखा दिया
है लालसा यदि की चाँद को पा लूँ मैं
दोनो हाथों से उसे, "भींच" कर उठा लूँ मैं
ले के थाली में गर पानी बैंठ जाओगे
भैया ! नही चाँद, सिर्फ परछाईयां ही पाओगे ।
'नही पाने के "गम" में चाँद को जो बैठ गया
पा नही सकता वो जीवन में, कभी "जलता दीया" ।
सुरभि, गर गुलाब की, तुमको खींच लेती है ।
आकर्षण में बांधकर, आमंत्रण सा देती है ।
उठा के हाथ अपना, छूना उसे चाहोगे ।
या कि, डर से काँटों के, बिन छुए ही चले आओगे ।
जूझोगे काँटों से पा लोगे तुम सुमन ।
जिसकी सुरभि से आनंदित, होगा तन-मन
फक्र से बोलोगे, आखिर मैंने पा ही लिया ।
जीवन में सुकून लिया, थोड़ा उद्यम जो किया ।
मचल जाये दिल कहीं, जो आसमां की सैर को ।

भय से ऊँचाई, के क्या ? भेज दोगे गैर को ?
लुत्फ लेना है, यदि तो फिर उठाना, सीखो 'जोखिम' ।
'इंसान' हो 'इंसान' बनकर छेड़ दो, तुम इक मुहिम
डर गया जो हार से, बे मौत है वो मर गया
जीत है उसकी जहाँ में जो हार कर कुछ कर गया ।

05

कल्पना

मैं नीरस निर्भाव कुछ करने की चाह में
बैठा उदास जीवन की राह में
तभी मेरी आत्मा से मेरा हुआ साक्षात्कार
आत्मा ने मुझे लगाई, प्रताड़ना की इक पुकार
बैठकर सोचने से चलता नहीं है संसार ।
नाव को खेना हो तो चलानी पड़ेगी पतवार ।
नही तो जीवन भंवर में डूब कर रह जाओगे,
हाथ, पांव ना चले तो "तैर" भी ना पाओगे ।

प्रश्नवाचक सा मैं उस को निहारने लगा।
क्या करूं ? कैसे करूं ? ये ही विचारने लगा ।
इंगित किया उसने दिखाया, 'नन्हा' सा एक जीव जुगनू,
'आलोक' लेकर प्रकृति से जो बन गया का इक दीया
तिमिर में बन के सहारा काम सूरज सा किया
'मैंने' कहा उसको मिली नेमत खुदा से है 'मसल'
धिक्कारने लगा ! मुझे मेरा 'अहम' उस एक पल
नेमतें खुदा ने बंदे बक्शी तुझको बे इंतहा
दो हाथ और दो पांव जिससे तू बना दे फिर 'खुदा' ।

कर गुजरने की जो चाह बांध ले अपने जिगर में,
'उठ' खडा हो, 'और चल, मंजिल को पाने के सफर में'
चाहे, गर तो कर दे तू पत्थर को पानी, एक पल में,
चाहे, तो फिर बदल दे, सब चलतों को, तू इक अचल में,
चाहे तो भर ले, 'आसमां में उड़ानें'
चाहे तभी तो जा लगे, सागर में गोते खाने
डूब के गहराई में ही पाये, 'तूने' सच्चे मोती
पँहुच के ऊँचाई पर ही, पाई है सत्यों की ज्योति ।

बैठा जो रहता 'यूं ही, नीरस, देखता और ख्वाब खाली ।
फिर रहा होता, कहीं फिर पहन कर पत्तो की डाली ।
खाके फिर यूं शाक-मांस पेट अपना यूं ही भरता ।
आज के वैभव की, 'तो' कल्पना भी तू ना करता ।

06

महान है मनुज तू

गगन की ऊँचाई तू
सागर की गहराई तू
सलिल का बहाव तू
अनिल का सैलाब तू

पुष्प की सुगंध तू
माटी से उठी गंध तू
जीवन का प्रबंध तू
संबंधो का अनुबंध तू

सरलता में पानी तू
अमरत्व की कहानी तू
है पौरूष तू जवानी तू
हर उम्र की रवानी तू

धरा है तू गगन है तू
हर मुश्किल में मगन है तू
काँटों की चुभन भी तू
धूप की तपन भी तू

हर ओर है तेरा ही क्षैत्र
संघर्ष में तू कुरूक्षैत्र
कमजोर न तू बन स्वयं
शिव का है तू तीजा नेत्र

तुझसे ही दैदीप्यमान है
हर दीये की बातियाँ
सूर्य का तू तेज है
रोशन है जिससे वादियाँ

है बंदिनी तेरी जमीं
गगन तेरा गुलाम है
खुदा भी देख कर रहा
मनुज तुझे सलाम है ।

07

तुझमें पंचतत्व

अग्नि, जल, वायु, तेज, धरा, पांचो तत्वों का देह तेरा
अपने-अपने गुण के प्रखर, जो समाये तेरे भीतर
फिर भी तू बगलें झांक रहा, क्यूं अपने को कम आँक रहा

तू वो शक्ति जो अजर अमर तू धरती सूरज तू अंबर
वायु, आकाश, अग्नि तू आधार सभी का अवनि तू
झुठला ना अपनी तू पहचान, ताकत को अपनी
अबतो जान
चाहे जो, जग में अपनी पूछ तो कर्म-क्षेत्र में कर
दे कूच ।

पल में स्वाहा कर दे, जो 'झूठे वैभव' को जग के,
कण-कण को ले निगल, और रोम-रोम को रग के,
है प्रबल नही, ये अति प्रबल, अग्नि है तेरा नाम 'अनल'
जो जज्ब करे ना कायनात, 'कर दे उसको तू भस्मसात् ।

जीवन श्वासों का नाम जहाँ बिन जल के सब
नाकाम यहाँ
है जल तरल जलधि वारि कायम रखे दुनिया सारी

अपना मार्ग बनाये आप, मेटे जग के सारे संताप,
आये जब अपनी करनी, पर दे मचा प्रलय इस
धरनी पर ।

तन-मन को करता जो शीतल उनचास मारूतों का है बल
शक्ति जिसकी ब्रह्याण्ड अखिल दे दिशा बदल वो प्रबल अनिल
सानी ना कोई मारूत का, रूख मोड़ सके जो पर्वत का
निर्जन में लादे वो अंधड़, श्वासों पर जिसकी रहे पकड़ ।

सहती प्रहार सब अपने पर संयम की ऐसी सूरत है
देती सब-कुछ औरों को जो ऐसी ममता की मूरत है
है अंश उसी का जर्रा ये उत्पादन की ताकत रखता
सोना, लोहा, हीरा, पन्ना इसके ही तो है गर्भ छुपा
श्रम के प्रस्वेद की धारा से खिल जाता इसका
तन और मन
हर, श्रमिक के मोती से तन पर होता है तेरा
आलिंगन ।

चंड प्रचंड दीप, दीपों की ज्योति सा जो चमके
कहीं चाँद चमकता है जग में सूरज बनके कहीं जो दमके
तिमिर में भी दे उजास, निरआसों में भर दे जो आस
जिससे है हर मूरत सतेज ऐसा जग में है जिसका तेज
मिल जाये जिसमें तेरा अंश, चमके जग में बनके मयंक ।

08

पहचान

जीवन बिन मकसद के
बिन पतवार की नैया
बंदा अपने जीवन का
खुद ही होता खिवैया ।
है जूनून यदि कर गुजरने का
तो पत्थर से स्त्रोंते बहते है
कहने वाले करते ना कुछ
करने वाले ना कहते है ।
जीवन नही चलता सोचों से
साकार स्वप्न ना सोतों से
दृढ़ निश्चय और ईच्छाशक्ति
मेहनत व श्रम की बातों से
तुम पा सकते हो मंजिल को
अदम्य विश्वास की जोतों से ।
तुम पुरूष, पौरूषवान हो तुम
उस ब्रह्मया की संतान हो तुम
जिसने श्वासों की दृष्टि से
रच दी है सारी सृष्टि

जिसकी ईच्छा ही प्रबल रहे,
तो जीव व जन की हो वृष्टि ।
 पहचानो अपने इस गुण को
और भूलो आलस के दुर्गुण को
जो करना है वो कर डालो
रचना है जो वो रच डालो ।
लक्ष्य को अपने भूलो ना
अपने श्रम से मंजिल पालो
पीछे मुड़कर ना देख कभी
पूरे कर अपने स्वप्न सभी ।
'कर लेंगे', होगा, 'मत गाना'
कर ले पूरा, 'अब' जो ठाना'
एक-एक कर चुग मोती
तब ही माला पूरी होती ।
पूरा जो अपना करम करें
ब्रह्या ना तुझ पर शरम करें
अपने कर्मा की दे पहचान
जीवन में रख तू लक्ष्य महान
चाहत होगी जो तेरी अदद
पा लेगा हर इक मकसद ।

09

मजबूत इरादे

कब तक करते रहोगे जीवन में तुम झूठे वादे ।
चाहत है कुछ करने की तो मजबूत करो तुम इरादे ।

इरादे मजबूत थे गुल के खिलना था उसकी चाहत
काँटे भी कर सके ना मासूमियत को आहत ।

ऐसा ही इक इरादा चंदा ने किया था
चमका वो हर निशा में चाहे घटा बढ़ा था ।

इरादों की क्या है बातें जुगनू है कितना होता
अपनी जरा मसल से जो 'तम' को, कर दे 'छोटा' ।

चाहा जब हिना ने कि रंग बनके महके
बन गई सिंगार वो फिर लाख चोटें सहके

'बीज' के इरादे, भी 'देखिए' जरा,
धरती का सीना चीर के 'वो' वृक्ष है खड़ा ।

'मांझी' के है इरादे, जाना है, उसको पार ।
सागर से खेलती है इक छोटी सी पतवार ।

इरादा हुआ मनुज का जब आसमाँ पे जाना
तो कर लिया फिर देखो चंदा से दोस्ताना ।

इरादे गर बड़े हो, तो काम है हर छोटा
पा जाते सच ही मंजिल इरादा किया जो होता ।

ना सोच मन के भीतर अरमां को कुछ हवा दे
और सीख ले फिर जीना मजबूत कर इरादे ।

10

श्रम हो साकार

जो कदम नही उठाओगे, मंजिल कैसे पाओगे
लक्ष्य पर करो ना विराम, बदल दो जीवन के आयाम ।

जीवन है बस इक आस का नाम, इच्छाओं की
प्यास का नाम
मीठा रस जीवन में तब लोगे, जब इक्षु को तुम
पेलोगे ।

अंधकार हो जीवन में, तो राह नही दिखती मन में
बती गर नही जलाओगे, रोशनी कैसे फिर पाओगे ?

जाना होगा जो पार तुम्है, गहरा जो लगे मंझधार तुम्है
पतवार जो नही उठाओगे नैया कैसे खे पाओगे ?

सुन्दरता देखो क्यारी की, भीनी-भीनी फूलवारी की
माली ने सींचा ना होता क्या पुष्प कोई हंसता होता

नन्है के आगे पीछे 'साये सी', हर पल रहती 'माँ'
उद्यम ना हो जब रोने का तो दूध नही है देती माँ ।

पाना चाहो 'गर, जीवन में, 'अपना' ही मन-चाहा तुम सब
तो श्रम व कर्म का क्षैत्र चुनो जिससे है जुड़ा ये सब वैभव

देगा 'वो' सब, जो चाहोगे निश्चय ही मंजिल पाओगे
पर फॉर्म तो भरना होगा श्रम तो तुम्हे करना होगा ।
श्रम तो तुम्हे करना होगा ।।

11

भस्म कर तू निराशा

जो बीच राह में बैठ गया
तो बैठा ही रह जायेगा
इच्छाओं का हर एक कदम
तुझमें क्षमता भर जायेगा ।

क्यूं सोचता है चलने से पहले
कि कहीं गिर जायेगा
भयभीत होकर जो चला तो
दौड़ कैसे पायेगा ?
'इच्छाओं, का हर, 'एक' कदम, तुझमें क्षमता भर
जायेगा ।

एक-एक कर चुन ले फूल
और इक माला बना,
मंजिल की फिर तू चाह कर
और चाह को ज्वाला बना,
'भस्म' कर दे तू 'निराशा'
निश्चय, मंजिल पायेगा ।
इच्छाओं का हर एक कदम तुझमें क्षमता भर जायेगा ।

टप-टप करती बूंदों से ना
दिल की प्यास बुझाना सीख
एक-एक को कर एक और
श्रम का सलिल बहाना सीख
तेरा ही प्रस्वेद 'देख' फिर, 'तेरी' प्यास बुझायेगा
इच्छाओं का हर एक कदम, तुझमें क्षमता भर जायेगा ।

उदास न कर मन को तू
झूठी इक मुस्कान ला
फिर उसी मुस्कान को तू हार पे अपनी दोहरा
फिर घिर जायें चाहे बादल कालिमा सी हो घटा
रोये चाहे सारी दुनिया, एक तू मुस्कायेगा ।
इच्छाओं का हर एक कदम तुझमें क्षमता भर जायेगा ।।

'साहस' नहीं कहानियाँ
साहस तो है रवानियाँ
तू हो रहा भयभीत क्यूँ
आलस से तुझको प्रीत क्यूँ
कर्म से खुद को जो जोड़े, कर्मशील कहलायेगा ।
इच्छाओं का हर एक कदम तुझमें क्षमता भर जायेगा ।।

चाह ना कर जीत की
हार से भी सीख तू
हार का काहे को डर
सब जीतते है हार कर

भय जो रखा हार का तो जंग क्या कर पायेगा ।
इच्छाओं का हर एक कदम तुझमें क्षमता भर जायेगा ।।

कुछ पाने की कोशिश तो कर
खोने में है 'काहे' का डर
क्या देख जवानी रोया था ?
जब बचपन तूने खोया था
इस पाने खोने के क्रम में
इक रोज बुढ़ापा आयेगा
सब साथी पाये मंजिल, तू देखता रह जायेगा ।
इच्छाओं का हर एक कदम तुझमें क्षमता भर जायेगा ।

भाग्य जीवन में बंदे
इक बार ही देता है दस्तक
कुछ, 'ऐसा' कर जा, 'तब' तो तू,
कि, उठा सके, 'अपना' मस्तक,
क्या हो गये पूरे लक्ष्य सभी,
जो, सोचे थे 'तूने' अब तक,
कर ले, 'जो भी' करना है, ये जीवन रहा भला कब तक,
क्या देगा, 'फिर' इतिहास को तू जब काल तूझे ले जायेगा ।
जो, बीच राह में बैठ गया, वो बैठा ही रह जायेगा ।।
इच्छाओं का हर एक कदम तुझमें क्षमता भर जायेगा ।।।

12

मत रख कहने का डर

लोग क्या कहैगे, अब इस सोच को बदल डालो
चादरों से निकलो, अब कुछ पसीना तुम बहालो ।
चढ़ना चाँहू मैं, पर्वत की चोटी पर अगर
गिर पड़ा, तो, 'देखने वाले' 'कहैगे क्या' ? का डर
चढ़ने से पहले, ही 'मेरे' हौसले को तोड़कर,
तकने को छोड़ देगा मुझे आसमाँ, फिर उम्र भर
क्या नही लोगों के पीछे मेरा अपना भय छिपा
या फिर, आराम-तलबी का, नया ये फलसफा ।
गर तू चाहे तोड़ लाये, चाँद, तारे आसमाँ से
जाते हुए, को रोकने, वाले भला 'आये कहाँ से,
चाँद, तारे मुट्ठी में, लाना नहीं है 'खेल सा',
करना पड़ेगा, श्रम यहां धरती-गगन के मेल सा ।
याद करके अपनी ताकत क्या नही दोहरायेंगे
चाँद पर जाने का सुन कर लोग क्या कर जायेंगे ।
सामने है इम्तिहान और है, पुस्तक खुली
पर मची है दिल में देखो, 'अजनबी सी' खलबली,
'गर' ना कर पाया मुकम्मल, मैं ये अपना इम्तिहां,
कांपता, दिल सोचकर हाय, 'लोग फिर कहैगे क्या' ?

खुद का भरोसा डगमगा कर, दे गया तुझको दगा
लोगो की तो बात क्या तू खुद नही खुद का सगा ।
गर जो करना चाहे तू अपनी गुजर 'मजदूरी कर'
करने नही देता तुझे, हर पल लगा, लोगो का डर ।
झूठी शौकत और दिखावे, 'खाना' ना देंगे पेट भर
करवटें बदलेगा, रोयेगा, तू सारी रात भर ।
कैसा है ? तेरा भय, जो करने, ना दे, 'तुझको' करम
भीख मांगने में क्यूं ? तुझको आयेगी फिर ना शरम ?
जो, बना ना पायेगा, "तू" यहां, अपनी जगह
लोग तो बोला करेंगे, तब भी कुछ इस ही तरह
सारी उम्र गुजार दी कुछ भी ना मैं कर सका
सफलता के शिखर पर, कदम भी ना धर सका ।
लोगों का जमघट यही, 'फिर' तुझपे हँस के जायेगा
तेरे रिसते जख्म को कोई भी, ना सहलायेगा ।
कोई है कितना सफल बस लोग ये है देखते
यह नही देखेगा कोई, तू बढ़ा किस रास्ते
जो सफल है इस जहाँ में उनको जाकर पूछना
क्या उन्होने छोड़ा अपना कुछ जहां के वास्ते ।
लोग अपना काम करते, तू भी अपना काम कर
रास्ते पर लक्ष्य के तू रखना ना लोगों का डर ।
भय की जो तस्वीर है उस तस्वीर को बदल डालो ।
लोग क्या कहेगे अब इस सोच को बदल डालो ।।

आलस्य का प्रमाद

आलस्य एक प्रमाद है
कर्म सुस्वाद है
कर्म में प्रवृत हो
उसी में उन्मग्ना हो
कर्म ही प्रधान है
गर तू नौजवाँ है ।
बुझ ना जाना आँधियों से
बन के जलना दीप तुम
गहन-निशा घिरी भले
बनके, जलो प्रदीप तुम ।
काँटे तो, 'बहुत मिलें'
खोजना पड़े सुमन,
काँटो से टकरा कभी
उद्वेलित हो, ना, ये मन ।
जागृति हो दिल में जब
आसान सब ही कुछ है तब
सो, ना, तू बन आलसी
बन अरूण सा सारथि ।

कर्म के रथ को सदा ही
खींच सतत् हो प्रवीण
जीना सीख जैसे जल में
जीती है अविचल ये मीन ।
पा के रहना मंजिले
यदि कभी कदम चलें
बीच मँझधार में
तू बैठना ना भूल से
तब प्रसून बन सकोगे
जिन्दगी में शूल से ।

14

जब लगन लगे

चाहत हो यदि पाने की
लगन लगे जब चाहने की
निश्चय मंजिल पाओगे
यदि तुम दिल से चाहोगे ।
ध्येय पर चलना होगा
जब ध्येय तेरा होगा
लक्ष्य धर उन्वान तू
बना खुद की पहचान तू ।
समय तो है बस सारथि
'बन', तू समय का रथी
हाँक अपने हाथों से
तू समय की पालकी ।
काम ना हो बातों से
दिल ही दिल में सोचकर
रह ना मन मसोस कर
उठ, 'चल' कदम उठा ।
निश्चय मंजिल, को, 'तू' पा ।
कर्म तेरी आस्था

बताये मंजिल का पता
बिना रूके, 'जो' चल पड़ा
निश्चित मंजिल लेगा पा ।
अपने पौरूष से बना
अपना स्वयं आशियाँ
कर्म को, प्रधान कर
'जा' के, रह मुकाम पर
उठके चल उठके चल,
ठहर ना, 'तू' इक भी पल ।

15

तू बन जा निशीथ

गहन निशा में ए दिल
बन के चल निशीथ तू
गर जो उठना चाहे तो
हो के रह विनीत तू ।

सीखना प्रवृत्ति हो
तब ही तेरी उन्नति हो
छोटों से भी सीख तू
माँगना ना भीख तू ।

देख चींटियों का दल
लगा, के अपना, क्षुण्ण बल
'मंजिल' कैसे पा गया
'अन्न' जो, मन भा गया ।

चींटी से तू गौण ना
ना ही क्षीण तेरा बल
तेरी खुदी दिलायेगी
तेरा लक्ष्य उठ के चल ।

मन में जो तू ठान ले
आलस्य से ना काम ले
निश्चय ही पा जायेगा
दिल से जो भी चाहेगा ।

16
कर्म ही पूजा

इक दिन देखा एक शिकारी
लेकर बैठा जाल
भोले पंछी फँस गये उसमें
रखा ना जो ख्याल ।

कुछ समय तो चुप से बैठे
लेकर लम्बी सोच
जान से जाने की, जब सोची
उड़ गये उनके होश ।

आपस में गुँटर-गुँटर कर
किया कोई समझौता
मीठी वाणी में समझाने
लगा 'उन्है' कुछ तोता ।

बैठ गये जो मौन साधकर
ले जाये सैयाद बांधकर
मिल कर जोर लगाओं
लिये जाल उड़ जाओ ।

कर्म यदि ना किया
तो हम, होगे फिर फना
सबने ये ही जाना
जीवन है यदि पाना,

यही सत्य है उक्ति
कर्म बिना नही मुक्ति
सबने पंख चलाये
जाल से मुक्ति पाये ।

देख के दिल ने सोचा
ये जीवन सत्य अनोखा
कर्म ही देता शक्ति
कर्म से ही है मुक्ति
जो बैठे रह जाते, बिना कर्म मर जाते ।

17

बन सागर की मौज

क्यूं सोच रखो इक गागर की
तुम मौज बनो इक सागर की
चंचल निर्मल शीतल व चपल
चलती ही रहे जो अटल अविचल ।
डूबे उतरे गहराई में,
ला के तट पर जो दे मोती,
लहरों का यूँ आना-जाना
कर अठखेली यूँ मुस्काना
सागर को देता है, मुस्कान
मोती को देता है पहचान ।
कहता कि जग में कर्म प्रधान
बैठे ना तट पर रह जाना
ना संग धारा के बह जाना ।
तुम बन जीवन का गोताखोर
जीवन सिन्धु के ओर व छोर
श्रम के मोती बिखराओ जब

जो चाहा है वो पाओ तब ।
बन जाओ तुम भी एक मौज
कर लो मुकाम की अपने खोज ।

जीवन एक प्रवाह है

जीवन तो बस प्रवाह है
इसकी ना कोई थाह है
बिना लक्ष्य जो रहे
तो अपना अक्स खो रहे ।
उत्थान को ना पायेगा
गर्त ही में जायेगा
ढर्रे से हटके जो चला
फिर रास्ता उसे मिला ।
चल पड़ा जो राह पर
तो उसकी एक चाह पर
पत्थर भी पिघल जायेगा
मूरत कोई बनायेगा ।
हो के जीवन में सफल
रहेगा वो फिर अटल
नही टलेगा लक्ष्य से
भटकेगा ना वो अक्श से ।
हर पल ही बढ़ता जायेगा
कदम वो जब उठायेगा

मंजिलों को पा के वो
फिर मंजिलें बढ़ायेगा
और एक दिन तकदीर का वो बादशाह कहायेगा ।

१९

लेना नहीं विराम

जीवन पथ पर बढ़ते जाना
बिना लिये विराम
मंजिल को पाकर ही करना
जीवन में विश्राम ।

रास्ते में जो बैठ गये
तुम देख के ठंडी छाँव
छीन के ले जायेगा कोई
तुमसे तुम्हारा दाँव,

नींद के झोंके सा फिर
ये जीवन बीता जाये
जो कहीं तुम बैठ गये
लम्बे पैर फैलाये ।

एक-एक कदम भी
दिया जो बढ़ाये
पंहुचोगे मुकाम पर
मंजिल लोगे पाये ।

अटल रखे विश्वास
जो लोगे, हाथ चलाये
जीवन पथ पर जो पथिक
सदा ही चलता जाये
लक्ष्य ना कोई चूके वो हरदम मंजिल पाये ।

20

बन जा कर्मवीर

धर के मन में धीर ए पथ के वीर
तरकश के तीर सा हो नया प्राचीर
नैया बन के डोल
अपनी बांहे खोल ।
बना नसीब की तू
नयी एक पतवार
कर जा सागर पार
जीवन के मुकाम ।
उनको दे अंजाम
श्रम बिन्दु बहा के
रूक मंजिल पर जा के
हो ना तू अधीर ।
जीवन एक संग्राम
अपना सीना तान,
हो जा 'तू' तैयार
सहने को हर वार ।
होगी तेरी ढ़ाल,
तेरा स्वाभिमान

यू ना तू सर को झुका
कर्म अपना करता जा
बन जा कर्मवीर धर के मन में धीर ए पथ के वीर ।

असंभव को कर संभव

असंभव नही है यहां कुछ भी पाना
बंदे जो 'तूने' दिल से है, ठाना
ख्यालों ख्वाबों में से बुना ताना-बाना
हकीकत उसे तू करके दिखाना ।
श्रम के मोती जमीं पर पड़े जो
आसमान के तारों से हुए वो
चाँद सा अपना जीवन बनाना
अंधकार सारे मन के मिटाना ।
सूर्य सी तेरी गरिमा हो प्यारे
सतत-अविचल, चलना नियम बना रे
हो ना अडिग जो तू लक्ष्य चाहे
कदम दर कदम उस ओर बढ़ता जाये ।
नहीं, जब तक थक के चूर होगा
जहा में ना तू बंदे मशहूर होगा
बिना खोले पायेगा ना सीप से मोती
स्नेह के बिना ना ही जलती है ज्योति ।।
तेरा स्वेदकण ही तेरा स्नेह है
जो आत्म ज्योति को आग दे है

जब तूने आत्मा से ये स्वीकारा
करते रहो कर्म अपना ये नारा ।
संभव ही संभव जहाँ में सब होगा
असंभव लगेगा तुझे मात्र धोखा
असंभव नही है यहाँ कुछ भी पाना
बन्दे जो तूने दिल से है ठाना ।

22

तू हार से ना डर

असफल जो हुआ, हुआ भला तू क्यूं उदास
असफलता ही छिपाय रखें जीतने की आस
हारने के भय से जो तू मौन हो के बैठा है
हार का भय क्यूं तेरे दिल में पैठा है ।
पीछे जाने पर ही मंजिल दृष्ट होती है
पीछे हट के ही तो किश्ती बढ़ती आगे है
सो न जाना थक के तू हो के फिर कहीं निराश
भाग्य जागते उसी के जो जिंदगी में जागे है ।
जो कहीं पिछड़ गया तू भाग्य को ना कोसना
कमी रही कहाँ जरा ये अपने दिल में सोचना
और फिर भर के इक नया जोश-ए-जुनूँ
करके तैयारियां तू मुश्किलों के रूबरू ।
मन में हो निश्चय अटल, अपने प्रण से तू ना टल
दिल में जोश भरके फिर ध्येय कर अपना अचल
समता में, ना हो, 'तेरी', ये 'अनिल या अनल'
ओज तेरा देख, कर सूर्य जाये 'अस्ताचल' ।
अपने श्रम से सींच कर, तू भाग्य को बना प्रबल
हिम्मतों से, अपनी जीत ले जीवन समर

किन्तु फिर भी खत्म ना हो जीतने का ये सफर
एक हार, ये तेरी जिंदगी की जीत हो
हार से जो प्यार कर, तो जीत से भी प्रीत हो ।

किन्तु फिर भी खत्म ना हो जीतने का ये सफर
एक हार, ये तेरी जिंदगी की जीत हो
हार से जो प्यार कर, तो जीत से भी प्रीत हो ।

23

बन जा ध्रुवतारक

ध्रुवतारक से तुम बनो
जग को नयी दिशा दो
हो पृथक हरदम यह छवि
रश्मि तेरी हो सम रवि ।
तेज से अपनी धरती को
दमकाओ अविराम अचल
अपनी आभा को बढ़ाओ
चमको तुम अटल विरल ।
अनंत अगाध तुम्हारा शौर्य
तीव्र दग्ध अरूणिम सतेज
तुम बढ़ो लक्ष्य पर सदा
गति बने तेरी अदा ।
रूकना ना पथ के बीच में
विकारों के इस कीच में
तुम विकसित होओ बनकर सरोज
सूर्य सा हो हरदम तेरा ओज ।
चान्दनी सी शीतल हो तेरी छाया
याद रखना जमाने में क्यों आया ?

हाथ पर हाथ धरके ना रहना
विषमताओं में भी चलते रहना ।
मुकाम को तुम पाओगे
हाथ जब बढ़ाओगे
और नई दिशा इस, जहान को दे जाओगे

24

अविराम चल

वक्त की गति अबाध
लक्ष्य को तू अपने साध
मृत्यु की सच्चाई को
पल-पल तू रखना याद ।
कदम-कदम पर मंजिलें
तू चले तुझे मिलें
गति कर अविराम तू
अपना कर मुकाम तू ।
तू चले तो चल पड़े
भाग्य तेरा साथ में,
भाग्य से ना तू बने
भाग्य तेरे हाथ में,
मुकद्दरों की रेखा को
बना ले अपने शौर्य से ।
तदबीर की लकीर से
छपी तेरी तकदीर है
जो तू कर्म कर सके तो सच्चा कर्मवीर है ।

25

सतत् कर्म कर

पल-पल छिन-छिन बीते ये दिन
बीते घड़ियां साँसे गिन-गिन
सोच में तूने महल बनाये
फिर कितनी ही बार ढहाये ।
सोच हटी तो कुछ भी न था
स्वप्न जो टूटे कर्मो के बिन
धीरे-धीरे चलो लक्ष्य तक
महल बनाओ अरमानों का ।
धीरे-धीरे चलता कोल्हू
स्नेह बनता है अन्न का लोहू ।
अपने रक्त कणों से देखो
स्नेहक दे जाता है तुमको
धीरे-धीरे निर्बाधक हो
जो तुम लक्ष्य तक जाओगे
कर्म क्षेत्र के कर्मवीर बन मंजिल अपनी पाओगे ।

26

चाहे पथ हो कांटो का

चाहे पथ हो कांटो का
रूक ना जाना राही तू
फिसल निकल उन कांटो से
बनके दाना राई तू ।
छोटा सा नन्हा कण बनके
मंजिल के मस्तक पर तू जा
ऊँचा उठना हो तो बंदे
गहराई की हद, तक, तू जा ।
डूबेगा ना, जब तक बंदे
कैसे चढ़े चढ़ाई तू
समय का कांटा बढ़ता जाये
बीता पल, 'फिर' हाथ न आये ।
'आज', जो गया, 'कल' बनेगा
हर पल, बीता पल, बनेगा
बूढ़ा-जर्जर होगा, एक दिन
तेरा यौवन, तेरा जीवन,
जर-जर होने से पहले भी

देख जरा तरूणाई तू
चाहे पथ हो कांटो का
रूक ना जाना राही तू ।

यौवन के उत्तरार्द्ध में

यौवन के उत्तरार्द्ध में
जीवन के पल आध में
देख पछताना ना पड़े
रोके मुख छीपाना ना पड़े ।
ढूंढ़ कर अतीत में,
पायेगा क्या जीत में
जो यदि कर्महीन बन
जीवन तू बितायेगा
आने वाले समय को
अपना मुख कैसे दिखलायेगा
जीवन सफर लम्बा है बहुत
किन्तु समय बहुत कम है
आलस को जो हावी कर लो
मायूसी का आलम है ।
दूर करो जो तुम आलस को
जुट जाओ निज कर्मो में
देखो फिर कैसे आता है
लक्ष्य तुम्हारे चरणो में ।

कृष्ण की गीता के स्वर में
तुम कर्म की वाणी पर चलना
धर्म तुम्हारा कर्म ही होगा
जब तुम जरा-पन से मिलना
सुख से नई पीढ़ी को अपना
तुम चेहरा दिखलाओगे,
जो हर पल के श्रम को जीकर कर्मवीर बन जाओगे ।

28

कर्म के आगाज पर

कर्म की लगाम कस
कर्म करले अपने वश
आगे दौड़ कर्म के तू
कर्म पीछे अपने रख ।

    देख के तुझको झुका ले
    सर ये सारे कर्मवीर
    अपने कर्म से बना तू
    रूठी हो जो ये तकदीर ।

कर्म ही संवारेगा
तेरे नसीब की तस्वीर
कर्म के समर में जूझ
बनके सच्चा एक वीर ।

    कर्म का हो क्षेत्र
    और कर्म ही हो तेरा तीर
    युद्ध तो हो कर्म
    और योद्धा हो कर्मवीर ।

कर्म ही तेरी मशाल
कर्म ही हो तेरी ढाल
कर्म तेरा ध्येय हो
ध्यान भी व ध्याता भी ।

कर्म तेरा संगी हो
और कर्म तेरा भ्राता भी
कर्म की पुकार पर
कर्म की गुहार पर ।

कर्म की आवाज पर
कर्म के आगाज पर
जो तू बन्दे चल पड़ा
भाग्य फिर निकल पड़ा ।

कर्म के बगीचे में
बन के गुल तू खिल पड़ा
कर्म पे हो आश्रित
जब तू पग चलायेगा

मंजिलों पे जाके तू अपना जहां बसायेगा ।

29

मुझसे ना होगा

मुझसे ना होगा मैं ना कर पाऊंगा
सोच कर यदि रह जाओगे
कदम-कदम पर देखो तुम
फिर ठोकरें ही खाओगे ।
पानी में जाने से पहले
जो रूक जाती मीन
श्वाँस भी कैसे ले पाती
फिर, रहती कैसे साँसों बिन ।
कांटों से बिंधने के डर से
अपनाता ना जो उन्हैं गुलाब
कैसे लगता रूप सुहाना
कैसे होती उसमें आब ।
मोती भी तो सीप में बंद हो
जीवन से अपने खेले
सीप में घुटने पर ही आब का
सागर उसमें लहरें ले ।
मैं ना कर पाऊँगा सोचकर
जो बैठा होता हर बंदा

कायरता फिर उसको डसती
बनकर के फाँसी का फंदा ।
हर बंदा जो यही सोचकर
बैठ गया होता यहाँ
तो फिर कैसे बन पाता
आज बना है जो जहान्
बन तू खुद अपनी पहचान ।

30

युगपुरूष

विघ्न बहु तेरे रहते है घेरे
ध्येय बना पानी सा सरल
रोक सके ना धारा जिसकी
चाहे अनिल हो या हो अनल ।
जल सा शीतल बनकर तू चल
चलता रह हर क्षण प्रतिपल
विघ्नों से खेलें तेरी धाराऍं
बनके अटल अविचल चंचल ।
फौलादी ताकत तेरी हो
चाहे लौह सी हो दीवारें
टकरा जायें तुझसे जो कभी
चूर-चूर हो हिम्मत हारें ।
पर तू विघ्नों से हो अभिभूत
ना होना 'कभी' पदच्यूत
अथाह, अनन्त, अगाध अक्षुण्ण
प्रयत्न तेरा अविरल, अटूट ।
विघ्नों से 'तुझकों देगा, जिता
मंजिल का, तुझको देगा पता

'नम जायेगें, पर्वत अनन्त,
'ख्याति' तेरी' हो दिग-दिगंत
हरकण में होगा हर्ष उल्लास युगपुरूष कहेगा तुझे समाज ।

31

बिन श्रम ना मोती

बिन श्रम ना मोती पायेगा
तकता मुख को रह जायेगा
बैठे-बैठे यूं खाली हाथ
सब कुछ खाली हो जायेगा ।
कृषक पर डालो जरा निगाह
नियति रहती जिससे आगाह
श्रम से चूर-चूर होकर
स्वेद कणों को तन पर धर
सह धूप शीत बरखायें प्रखर ।
वो अन्न को लाता अपने घर
फिर भी उसमें खुशहाली से
आलस ना आने पाता है
पहली फसल उगाता है
थोड़ा पाकर जो बैठ जाये
आलस्य जो उसमें पैठ जाये
कैसे व्यंजन हम तुम पायें ।
अन्न विविध कैसे खायें
होकर प्रेरित तू उससे चल

कर्म हेतु आता हर पल
जो कर्म पथ पर बढ़ जाये ।
निश्चय हर सीढ़ी चढ़ जाये
वैभव सारे उसे अपनाये
समृद्ध साम्राज्य सदा पायें
अपने श्रम से जीत भाग्य
वो भाग्य विधाता बन जाये ।

प्रकृति के सुर में मिल जा

प्रकृति का हर इक मंजर
देता तुझे आवाज
कर्म बिना जीवन नही प्यारें
करता यही आगाज ।
सूर्य, चन्द्र को देख जरा
जो नियम से आते-जाते
धूप, सवेरा, रोशनी
शीतल चाँदनी तुझे दिलाते ।
नदिया की धारा को देखो
बहती रहती सतत् सत्पथ
आखिर मंजिल पा के अकथ ।
पौधे को देखो जो फलों से
लदकर झुकता जाता है
अभिमान को त्याग दो
तुमको हर पल पाठ पढ़ाता है ।
जरा पवन को देखो शीतल
पवन झकोरे लाता है
बनके तूफां कभी तुम्हारी

नैया भी उलटाता है ।
ये मानव का वेग बतायें
तू कुछ भी कर सकता है
निज पर आने पर
पर्वत भी राई सा कट सकता है ।
सीखो पर्वत से तुम अडिग बन
बाँटा करता है संपदा
तुमको देता अन्न, धन, वन
रहता तपसी वश बना ।
अग्नि से सीखो आलस
व कुकर्मो को करना फना
अग्नि सी हो तेरी शक्ति
तुझको दे बहुमूल्य बना ।
देखो काँटों पर सोता है
मुस्काता सा हर सुमन
विध्नों से तुमको सिखलाता
करना ना उद्वेलित मन ।
विध्नों पर चलके ही सुरभित
होगा तेरा ये जीवन
कौन यहां पर रहा है जिसने
देखा ना हो कोई विधन
प्रकृत्ती को देख के सीखो जीने का क्या राज ।
और उसी के सुर में मिला दो तुम अपनी आवाज ।।

33

चाहतें बुलन्द कर

तू जो चाहे
वसुंधरा का चीर दे सीना
और बहा दे निर्मल स्त्रोते
तेरी चाहत हो तो लगाले
महासिन्धु में भी तू गोते ।
हिमालय की अडिग चोटी भी
करदे इक पल में तू छोटी
तेरी ख्वाहिश तुच्छ बना दे
सागर की गहराई जो होती ।
तू चाहे तो प्रलय मचा दे
तू चाहे तो, हो सब शांत
तू जो चाहे तो अग्नि भी
करदे पल भर में ही क्लांत ।
तू चाहे तो उल्टादे मुख चलती पुरवाई का
तू चाहे तो जल बिखरा दे बादल की बदलाई का
तेरी चाहत तेरी हिम्मत को करती परवान
बुलन्द करले अपनी चाहत, हो बुलन्द अरमान ।

भले ही हो तिनके सी ताकत

भले ही हो तिनके सी ताकत बदन में
मगर डूबते का सहारा बनेंगे
भंवर में भी चाहे जो फंस जाये कश्ती
मगर हम ही इक दिन किनारा बनेंगे ।
जो चाहैंगे तो हौंसले है हमारे
कि उगते सूरज सा हम इक नजारा बनेंगे
और चीर के सीना धरती का इक दिन
वारि का शीतल फुहारा बनेगे ।
बे आसरों को आसरा हम ही देंगे
गरीबों की आँखों का तारा बनेंगे
बदल जायेगी रूख हवाओं का भी तो
जीवन ही इक ऐसी धारा बनेगे ।
मान के हमको कमतर, लगाये जो ठोकर
तो हम फिर सबक इक करारा बनेंगे
चाहै हो सारी दिशायें ही धूमिल
बुलंदियों का लेकिन सितारा बनेंगे ।

35

थम न जाना राहगीर

थम न जाना राहगीर देख के पथ अवरोधी
अवरोधों से नही घबराते, अन्वेषक और जग में शोधी
देख उस बयार को, जो पर्वत से आती है
झोंके की ताकत ही गुबार फिर उठाती है ।

एक-एक झोंका बनाता थार में भी एक मंजर
झोंके गर जो चाहै तो चट्टान को कर दें जर्जर
पर्वतों की आड़ भी रोक न पाये उन्हैं
बहने में आमादा हो जो लक्ष्य हेतु अग्रसर ।

पुष्प सा हँसना ही हो तो कांटों से भी सीख
बनके कंटक पथ पे अपना पथ बना सटीक
मुरझाते तो पुष्प है, काँटे कुम्हलाते नही
उष्ण हो या शीत ये रूप बदलाते नही ।

है, अडिग अपनी धरा पर जो संभाले सुमन सृष्टि
कांटों से जीवन को अपना कर बना प्रसून वृष्टि
देह तो मंजर है इक, कुदरत की मिसाल का
जला के अपनी आत्मा को तू बना मिसालची ।

तेरी कला है, अग्रणी संसार में मानव यहां
होने को तो जीव है पर कोई तुझसा है कहां
मार्ग के अवरोधों से घबराना ना ए राहगीर
रोध व अवरोध ही लिखेंगे तेरी नई तकदीर ।

36

अर्श का चाँद बन

अंनत की जो चाह हो
प्रयत्न भी अगाध हो
शीर्ष पर जो आँख हो
तो कदम इक आगाज हो ।
चल पड़ो निचोड़ अपने
स्वत्व की बूंद- बूंद
कुंद न हो ये मन कभी
न हो विचारों में भी धुंध ।
उजले-उजले पथ तुझे
नहीं मिलेंगे सरेराह,
'तिमिर' के आगोश में
शलभ तू बनजा मार्ग का ।
निराशाओं की रेत को
फिसलनें दे तू मुट्ठी से,
और फिर बना तट पे
इक घरौंदा आस का ।
चुभन ना बनना कहीं
कांटो की जहान में

शमशीर बनके काट दे
शीश दुःख के भाग का ।
देख चमक जायेगा,
अर्श पर फिर चांद सा
फर्श पर पड़ा था जो
शोला एक आग का ।

37

राम सा शील

अपनी शक्ति को दे आवाज । राम सा शील, लखन सा शौर्य
कृष्ण सी बुद्धि, शिव सा क्रोध
विष्णु सी क्षमा, ब्रह्य सा तेज
पवन पुत्र जैसी शक्ति अभेद्य

सूर्य सा तप, चन्द्र सी शांति
जल सी शीतलता, अग्नि सा तप
पृथ्वी सी क्षमा, वायु सा वेग
माटी सी उर्वरता, लहरों सा खेल

अर्श सी ऊँचाई, उदधि सी गहराई
कर समावेश, बना एक वेश
नाम जिसका मानव
नतमस्तक हो दानव ।

पर्वत भी सर झुकाएं
नदियां राह दे जायें
जिसके बल के आगे, समुद्र भी हो शुद
वही तू है मानव ।

प्रण तेरा "महान्"
निज पर आ जाये तो
करें, जो मन में ठान
धरा को आसमान से मिला दे,

बना के रास्ता
नदियों के जल को सोखकर
बहा दे, कहीं भू स्त्रोता
अग्नि की शीतल कर दें

जल को बना दे वहिय
तेरी कला के आगे
ईश भी चकित होता
फिर भी तू सोच-सोच,

कदम क्यूं है धर रहा
जो भी पाना चाहे पाने से क्यूं डर रहा
उठा पहचान, अपनी ताकत
पाके निश्चय मंजिल रखले अपने नाम की लाज ।।

38

जाग ए मुनष्य जाग

है, शक्ति का प्रमाण तू
है तीर तू कमान तू
तलवार तू म्यांन तू
इंसान तू भगवान तू
जाग ए मनुष्य जाग ।

भेद और अभेद तू
लहू तू प्रस्वेद तू
तीव्र तू है, मन्द तू
सरल तू है द्वन्द तू
जाग ए मनुष्य जाग ।

पवन तू है अग्नि तू
अर्श तू, अवनि तू
नीरद तू जलधि तू
क्षेत्र तू परिधी तू
जाग ए मनुष्य जाग ।

जर्रा तू, जहाँ तू
तुच्छ तू महान् तू
ईच्छा तू अरमाँ तू
सत्य की पहचान तू
जाग ए मनुष्य जाग ।

अकेला तू काफिला तू
गढ़ है तू किला तू
जंग है तू जंगी भी तू
सैन्य है सैनिक भी तू
जाग ए मनुष्य जाग ।

रौद्र और शान्त तू
नीरव है और प्रशान्त तू
हलचल है तू तो प्रलय तू
सृष्टि का मलय है तू,
जाग ए मनुष्य जाग ।

कायर भी तू यौद्धा भी तू
रावण भी तू राम तू
कंस तू और श्याम तू
नारद और नारायण भी तू
जाग ए मनुष्य जाग, जाग ए मनुष्य जाग ।

तुझको जगाये ये धरा
पुकारता है आसमां
धरती पे बढ़ता बोझ अब
जगा तू अपनी आत्मा

तू ब्रह्य और तू ब्रह्या है
तुझको कहां विश्राम है
पहचान अपनी शक्ति को
बन प्रलय की आग तू
जाग ए मनुष्य जाग, जाग ए मनुष्य जाग ।

बदल दे दिशायें सब

बदल दे धारायें सब

मोड़ दे पवन का रूख

मोड़ दे सागर का मुख

बना दे नव जहान तू

जाग ए मनुष्य जाग, जाग ए मनुष्य जाग ।

उजालों को जीवन बनाने तो दो

तुम अंधेरों को अपने मिटाने तो दो
कि उजालों को जीवन बनाने तो दो
तमस के बन्द कमरें में खिलेगी आस की धूप
खोल के बारियां भ्रांति को मिट जाने तो दो ।

धाराओं सी बह जायेगी भीतर तक रश्मियाँ
सूर्य को उजाले सा, भीतर आ जाने तो दो
खोल दो खिड़कियां, अन्तर्मन की अपने
अंशु को अपनी खुर्शीद को बहकाने तो दो ।

चन्द्रकलाओं सी चमकेगी चाँदनी सुहानी
कि निशा में चाँद की चमक जाने तो दो
जुगनुओं की कमी भी नही है जहाँ में
तिमिर को अपने तुम मिट जाने तो दो

तारों से भरी शब मिलेगी जब
तुम अमावस को जश्न मनाने तो दो
रात पूनम की जीवन में बाकी है साथी
तुम चन्दा को पर फिर फैलाने तो दो ।

महके प्यालों में डूबती आँखों को ए दिल
होश के पलों को लुभानें तो दो
तुम अंधेरों को अपने मिटाने तो दो
कि उजालों को जीवन बनाने तो दो ।

बदल दे रूख हवाओं का

बदल दें रूख हवाओं का
बदल दे मुख दिशाओं का
दोष ना दे उनको कि बदला
उन्होने तुझको है,
है भले नन्हा अंगार
किन्तु भीषण छिपी है आग
पवन के झोंको का संग लेकर
कर सकता जग भर को राख ।

अपनी कायरता को जलाकर
पा जीने की भीषण शक्ति
जूझ जरा विपदाओं से भी
तभी मिलेगी तुझको मुक्ति
ले जोखिम जख्मों का तू गर
तब ही पायेगा मंजिल सुन्दर
पुष्प सा सुरभित होना हो तो
फिर कांटों पर सोना होगा
गर सागर की गहराई पाना
तो दरियाओं को खोना होगा ।

वृक्ष बने पल्लवित हो जो
बीज तो पहले बोना होगा
होश तेरा ही जोश तेरा है
होष में तुझको रहना होगा ।

जो भूला तू राह को अपनी
भटक गया समझों मंजिल से
कोई भी फिर पूछेगा ना
जीवन राहै तुझ गाफिल से
बनके बेड़ा बीच भंवर का
इक-उत गोते खायेगा
बदल देगी तुझे हवाएं
जो तू ना ठकरायेगा ।

ना बदला जो रुख उनका तो
खुद ही भटक सा जायेगा
यहां-वहां पर घूम दिशायें
दिशाहीन कहलायेगा ।

41

सामने है मंजिलें

लेना जीवन का लुत्फ तो
कुछ कष्ट पा कर देखिये
सामने है मंजिलें बस
कदम बढ़ा कर देखिये ।
नदियों की कलकल सागर का ज्वार
पुष्पों की विकसन, नक्षत्रों का प्रवाह
आनन्द से सरोबार है सृष्टि की ये खूबियां
डूबकर गहराई में आनन्द उठाकर देखियें ।
चिड़ियों का चहकना, पुष्पों का महकना
भंवरें का यूं बहकना, कोयल का वो कुहकना ।
ये सारें स्वरभिन्न-भिन्न संगीत सा दे जायेगे
जीवन के सुर में जरा सुर मिलाकर देखिए ।
सारे जगत की चेतना का आनन्द भी मिल जायेगा
इक बार जुट, लगन से मंजिल को पाकर देखिये,
सामने है मंजिलें बस कदम बढ़ा कर देखिये ।

42

हौसला-ए-शमशीर

झुकते देखे कई यौद्धा सामने तकदीर के
तकदीर को झुकादे तू हौसला ए शमशीर से
है उमंग का समर,
जुनून का तू रंग भर ।
सूर्य इक उगा दे, फिर तू प्राचीर से
तकदीर को झुकादे तू हौसला ए शमशीर से
ध्रुव सा कोई तारक नही
खुद खुदी पर कर यकीं
काफिला बना तू मन के राहगीर से
तकदीर को झुका दे हौसला ए शमशीर से ।
एक दिन पतझड़ इन पत्तों को गिरायेगा
कोंपलों में फिर समय बदलता नजर आयेगा
श्रम के पल चुरा तू समय की जागीर से
तकदीर को झुका दे हौसला ए शमशीर से ।
लहू की गर्मियां बनेगी आग देखना,
इच्छाएँ ही कर्म का है सुराग देखना
गिरा दे स्वेद कण जरा अपने शरीर से
तकदीर को झुका दे तू हौसला ए शमशीर से ।

43

शक्ति का प्रमाण तू

शक्ति के प्रमाण की मानव तू तस्वीर है
ये जिंदगी है इक डगर तू तो राहगीर है
समय की पगडंडियां ले चली तुझे कहां
अपनी राह चुन सके तो तू सच्चा वीर है
बहकना फितरत तेरी जूझना किस्मत तेरी
जिंदगी के सागर में तैर कर दिखाना है
बहुत सी चुनौतियां है आज तेरे सामनें
तुझे हर चुनौति को ठेल कर ही जाना है
जख्म तेरे तन-मन को घायल ना करने पाये
जख्मों को अपने फिर मरहम खुद लगाना है
पा के मंजिलें तुझे, जख्म भूल जायेगे ।
शूल जो चुभें तुझे, हो निर्मूल जायेगे
हिम्मतों के मार्ग से मंजिलों को पाना है
उतर जीवन के समर में बन के तेज शमशीर
तेरे हौसले ही बनायेगे बंदे तेरी तकदीर ।

44

चलना ही जीवन है

तेज कभी-कभी मद्धम
किन्तु चलना ही है जीवन
जो सतत् चले चलता रहे
उसका जीवन ही है पावन ।

बनके रहना रमता जोगी
आध्यात्म नही तो कर्मयोगी
गीता के पृष्ठ पुकार करें
कि, तू कलयुग का है अर्जुन ।

हो राम सा मर्यादित जीवन
लक्ष्मण सा संयमित तेरा मन
हनुमत जैसी भक्ति तेरी
सुग्रीव सी मंजिल की हो लगन ।

फिर पालेगा निश्चय मंजिल
जो पाने की तुझको है धुन
रामायण, गीता, महाभारत
सबमें है यही गुहार छुपी ।

तू कर्मवीर बन कर्म को कर
सबमें है कर्म पुकार छुपी
होगा ना कर्म का जब मंथन
कैसे पायें मंजिल सा रतन ।

तेज कभी-कभी मद्धम
किन्तु चलना ही है जीवन ।

45

ये जिंदगी

जिंदादिली का इक अहसास है ये जिंदगी,
चाहतों की प्यास, इक आस है ये जिंदगी ।
चाहतों को अपनी तू रोकना नही कभी,
कदम उठें तो देती मंजिलें ये जिंदगी ।।

लक्ष्य की ऊँचाइयां, अरमान सी गहराइयां,
अहसास कर गुजरने का देती यही जिंदगी ।
जिंदा है देखने को यू तो सब जहान में,
हसरतों को पालता जो, उसी की है जिंदगी ।।

टूट के ना बैठ जाना छोटी सी मुसीबतों से,
लौह सी उमंग हो तो सुख देती है ये जिंदगी ।
हार के जो बैठ गये किसी भी कदम पे तो,
रहा-सहा सुख भी ले लेती है ये जिंदगी ।।

जिंदगी है सुबह यदि चमके सूरज सी तो,
जहां में उजाले भर देती है ये जिंदगी ।
थके, हारे जीर्ण-क्षीर्ण होते है जो दिल कभी,
निशा से अंधेरे कर देती है ये जिंदगी ।।

जूझने का नाम है ये, मेहनत का काम है ये,
संघर्षों के बीज सदा बोती है ये जिंदगी ।
चाहे कोई जीना यहां या ना जीना चाहे कोई,
जीने की कला तो सिखा देती है ये जिंदगी ।।

जिंदगी आयाम यहां जीवन के बनाने का,
मौत से भी कभी जूझ लेती है ये जिंदगी ।
मरना तो सबको ही होगा इक दिन यहां,
शान से मरे जो कोई उसी की है जिंदगी ।।

खाली हाथ लाये ये जहान में हमेशा,
पर खाली हाथ नही जाने देती है ये जिंदगी ।
करके मुकम्मल इसे अपने उसूलों से सब,
पाये अपनी मंजिलें बस कहती है ये जिंदगी ।।

तू भी कुछ करले जहान में जो आया है तो,
मौके और नसीब सब देती है ये जिंदगी ।।

46
मन के भेद

सही गलत जो चाहो परखना
झांको भीतर मन के,
मन संचालन करता है सब
कर्म तुम्हारे तन के ।
किसी कार्य को करने पर
जब उद्देलित ये मन हो,
भाव शर्म का पैदा हो
और घृणित लगे जीवन तो
आशंकित रहने लग जाये
हर पल तेरा जेहन
अशुभ शुगन बता रहा है
समझो फिर तेरा मन ।
चाहो काम कुछ करना और
मन उल्लास से भर जाये
कर्म को करने हेतु तेरा जी
यदि ललक कर पड़ जाये
हुलस-हुलस सी उठे जेहन में
प्रीत कर्म की जागे मन में

समझो शुभ है कर्म तेरा
भीतर से मन ये बोले ।
जीवन में, उचित और अनुचित का
मन ही भेद है खोले,
भीतर से मन ये बोले ।

47

संघर्षों के रूप

निराश हो कभी तो पथ पे निकल जा बाजार के
मिल ही जायेगे उदाहरण जोश और खुमार के
कोई अंधा मिल ही जाये तुझको लाठी टेकता
दुनिया के उजालों को अपने तन से जो है देखता

फिर भी उज्जवल करता है जीवन को अपने आप ये
बना देता है जूझ खुद वरदान अपना श्राप ये
अंधों को करते देख अपने सारे कार्य खुद
जिंदगी दिखायेगी तुझको तेरी राह खुद ।

फिर कहीं मिल जाये कोई बिना हाथ बिना पांव
जिंदगी में जिसके पलभर को भी ना हो ठंडी छाँव
बिना हाथ मैंने देखा एक बूढ़ी माई को
खाना पकाती कपड़े धोती करती है सफाई वो

हाथों का काम पैरों से लेना उसने सीख लिया
जीवन में पर्याय बना कर जीना उसने सीख लिया
अपनी आवश्यकता हेतु ना वो दूजों पर निर्भर
अपनी क्षमताओं को बढ़ाकर खुद ही संवारे अपना घर ।

एक भिखारी पिंगला बूढ़ा फिर भी जीने की रख आस
नीरस जीवन पर हावी है भरा जो जीवन का अहसास
दस-दस बार एक से मांगे फिर भी यदि ना पाये वो
बैठे नही उदास होकर वो फिर जाता दूर्जों के पास

जीवन में तो भरे पड़े है संघर्षों के महती रूप
जीवन जिसका नाम यहां कुछ
उसमें छांव है कुछ है धूप
होना ना निरआस कभी

और पथ से सीख के घर आना
जीवन में अन्तः प्रेरित हो, फिर संघर्ष किये जाना ।

48

जीवन एक तुला है

सुख व दुःख दो पलड़े है, जीवन एक तुला
बाकी सब हासिल करना, बस जीवन तुझे मिला
दुःख की लहरें मन सागर पर आती, क्षोभ उठाती
गहन तमस की गहराई में तुझको डूबोकर जाती ।
क्षीण जो करती साहस तेरा जीने की क्षमता को
पर तू जाग समझ के बंदे सुख-दुःख की समता को
जो रोया दुःख में दुःख जान के ढेर दुःखों का होगा
मुस्काये जो पुष्पों जैसा कंटक भी सुख होगा ।
दुःख में भी जो तू मुस्कायेगा तरू भी तृण सा हो जायेगा
जो खुल कर हंस देगा बंदे हवा हर इक गम को पायेगा
डरने व भयभीत होने से साहस होता कम
चिन्ता, चिता के जैसे करती शौर्य मनुज का कम ।
जीवन में सुख-दुःख तो आते रहते बारी-बारी
हर क्षण हर पहलू को जीने की रखो तैयारी
तेरे श्रम की शक्ति से तो मुसीबतें सब हारें

संकट भी तेरे साहस पर अपना सब कुछ वारें
जीवन एक चुनौति मान, जी ले मुस्कराकर तू,
हासिल फिर कर लेगा बंदे खुशियों का सागर तू ।

49

जीवन की शराब

होता जाता रिक्त ये प्याला जीवन की शराब का,
कुछ करके ही सुख मिलता है जीने में रूआब का ।
पल-पल जाता बीता जैसे सब कुछ होता रीता,
भर ले जाम जिंदगी में कर्म के खिताब का ।।
शोर ना मचा यहां भाग्य की दुहाई ना दे,
भाग्य नही नीर यहां जन्नतों के ख्वाब का ।
खुद को तराश पल-पल अहसास कर,
बनेगा तू मोती फिर देख सच्चे आब का ।।
चमके तो बहुत यहाँ काँच के खिलौने बन,
खुद को चमकाले बन नूर महताब का ।
लक्ष्य को पाने की लगन, अगन हो ऐसी तुझे,
तेज भी झूठा बनाये अर्ष के आफताब का ।।
तेरी खुदी खुद पे आके जब चाहे मुकाबिल,
रूप खुद बने प्याला तेरे इस शबाब का ।
इतिहास में आने की रखले तमन्ना मन,
तू भी कभी चाह, बने पन्ना फिर किताब का ।
भर ले जाम जिंदगी में कर्म के खिताब का ।।

50

हौंसले

हौंसले तारीख की इबादत लिखा करते है
हौंसले ही जिन्दगी की नींव रखा करते है,
बढ़ा के हौंसले अपने कदम भी बढ़ाओ तुम
हौंसले ही मंजिलों के गीत लिखा करते है ।
निर्झर ये चाहत का बहता बेबस होकर
बनके बाँध हौंसले ही बिजलियाँ सी भरते है,
अरमान बिना हौंसलों के पतंग बिना डोर के
आसमानों को देखकर जो आह भरा करते है ।
हौंसला, बुलन्दी है, हौंसला ही तेज है,
हौंसलों से ही शोले आग बना करते है ।
हौंसला सहारा है हौंसला परछाई है
हौंसला वो साथी है जो साथ-साथ चला करते है
हौंसला ख्वाब है, हौंसला रूआब है,
हौंसले ही जिन्दगी में नाम किया करते है ।
हौंसला तो खून है हौंसला जूनून है
हौंसले ही हदों को पार किया करते है,

हौसला बढ़ा कर चल हौसला निर्बल का बल
हौसले ही बन्दे बड़ा काम किया करते है ।
हौसलें ही बंदे बड़ा काम किया करते है ।।

51

खोल ले मन के नैना

पथ पर चलते रहना बन्दे खोल के मन के नैना,
तन के नयन सो जाये लेकिन जागे मन के नैना ।
तन के नैनों को धोखा हो मन नैन न खाये धोखा,
सही गलत और उचित अनुचित को समझो दे ये मौका ।
किन्तु हम तन की आँखों को फिरते रहते ले-ले,
तन के नैनों से ही सजाते हंसी खुशी के मेले ।
खड़्डा राह का देखें नयना वो तो तन के होते,
किन्तु खड़्ड भविष्य का देखे मन के नैना वो होते ।
आने वाली बातों को जो वर्तमान में जाने,
मन के नैना ही जाने वो तन के नैना अनजाने ।
धरा कहीं भी कदम कभी तो तन नैनों से निहारो,
किन्तु कर्म छोटा भी करो तो मन नैनों को पुकारों ।
देखना फिर मन के नयना उस पथ तक ले जायेगे,
अच्छाइयों की ऊँचाइयों पर ले जाकर बैठायेंगे ।

52

जगा दे सोई शक्तियाँ

बना ना बैसाखियां औरों के शाने की
कभी तो भरोसा खुदी पर भी कर,
खुदी से जमाने की रह गुजर ।
औरों का मुख सदा जो देखता रहा
जीवन के लम्हों को उठा फेंकता रहा,
चाह कर जो दिल से कभी कर्म ना करें
दूजों के आसरे की कभी शर्म ना करें ।
मिट जायेगी इक दिन उनकी भी हस्तियां
मिटती रही है आज तक मजलूम बस्तियां,
धोखे वो खाते रहते है जीवन की राह पर
जो ढंढते है मंजिलों में कोई हमसफर ।
दूजों के आसरें चले जिसकी गुजर बसर
जिंदा है यहां वो मगर जीते है नाम भर,
जो ठान लेते है स्वयं ही खे लें कश्तियां
मशहूर होके रहती है फिर उनकी हस्तियां ।
संबल ही यदि चाहे तो ईश का संबल
ईश प्रार्थना ही बने क्लैव्य का भी बल,
पानी यदि है सोची हुई चाहते यहां

खुदी को अपनी तू अपना आसरा बना
जगादे अपनी सोई हुई सारी शक्तियां,
देखना करेंगी तुझे नमन हस्तियां ।

53

लगन बस लगन

भर मन में लगन
सहस की अगन
फिर करके जतन
महका दे चमन ।

तेरी ये लगन ही बनके जुनूं
बगियां तेरी महकायेगी,
कि देखना तेरी मेहनत ही इकरोज
तुझे चमकायेगी ।

चींटी सी लगन, बगुले सी लगन
चातक सी लगन, हो ध्रुव सी लगन
अप्राप्य भी पा जाये ये लगन
चल थाम के अपना चंचल मन ।

ये लगन ही तेरे भीतर की
तृष्णा और भड़कायेगी,
कुछ पाने की कुछ करने की
तुझमें क्षमता भर जायेगी ।

थी चांद पे जाने की जो लगन
हम चांद पे जाके हुए मगन,
अर्श को छूने का भी जतन
दे गई बंदे की यही लगन ।

मीरा, तुलसी, पन्ना, हुलसी
रैदास सरीखे वैरागी,
जो ईश को पा गये अपने स्वयं
इस लगन के ही थे वो रागी ।

बस लगन में अपनी हो के मगन
तू मंजिल पर चल कदम-कदम
हो दिन भी लगन, रैना भी लगन
कुछ करके दिखलाने की लगन ।

कुछ अच्छा कर जाने की लगन
आध्यात्म में खो जाने की लगन
बस लगन, लगन बस लगन, लगन
मंजिल हो तेरे आँगन ।

जुनून हो कुछ पाने का

कांटो से अपना दामन छुड़ा ही लेते है
जुनून हो कुछ पाने का वो पा ही लेते है
रोते नही वो बैठकर अपनी ही हार पर
जीत का भी मजा फिर उठा ही लेते है ।
जुनून हो कुछ पाने का वो पा ही लेते है
टूटके फिर कांच से बिखरते नही है वो
टूकड़ो में भी अपनी छवि दिखा ही लेते है
जुनून हो कुछ पाने का वो पा ही लेते है
रूकते नही बेड़े कभी तूफान के डर से
भंवर से जूझ के वो रास्ता बना ही लेते है
जुनून हो कुछ पाने का वो पा ही लेते है
उमंग हावी रहे जो जिंदगी में आरजू सी जब
तो ऐसे लोग निश्चय मंजिलें भी पा ही लेते है
जुनून हो कुछ पाने का वो पा ही लेते है
भले मर जायें अपनी चाहतों को जीवन देने में
मर के भी अमरत्त्व वो अपना ही लेते है
जुनून हो कुछ पाने का वो पा ही लेते है

वक्त बदले तो नजरिया भी बदले

आगे बढ़ने की पहल आप जरा कीजिये
वक्त बदले तो नजरिया भी बदल दीजिये
होते ना सम ये दिन जिन्दगानी के साथी
सुख और दुःख की पारी को समझ लीजिये
पाये तो उल्लास में जीते है बहुत लोग
खोने पे न रोने का जरा लुत्फ आप लीजिये
वक्त बदले तो नजरिया भी बदल दीजिये ।
आग पानी के लक्षण तो सम होते नही
रास्तों को जरा पहचान कर पग दीजिये
आप अपनी ही खुमारी में खोये रहते है
वक्त और चाहतों के हर्फ बने रहते है
हो जायें कहीं जो फासले दरम्यान दिल के
आशिकी में भी रकीबी का मजा लीजिये ।
माना की जीत जाते थे आप कभी लम्बी दौड़
उम्र और समय के साथ रख न सके होड़
हो पाये न जो आप सफल प्रथम आने में

वक्त बरबाद ना करें कौने में मुंह छिपाने में
वाह-वाह से अपनी, अपनी गर्म जोशी से
नये दौड़ने वालों को फिर सराह लीजिये
वक्त बदले तो नजरिया भी बदल दीजिये ।

नन्है नन्है कृत्य किये जा

बहुत बड़ा जो हो ना पाये
नन्है नन्है कृत्य किये जा
पीयूष प्याला पूरा ना हो
तो भी छोटे घूंट पीये जा ।

छोटे-छोटे कृत्य बनेगे
इक दिन देखना काज बड़ा
घूंट ये छोटे होगे इक दिन
अमृत का परिपूर्ण घड़ा ।

तेरी सुकरनी ही बनेगी
जीवन की अमृत धारा
तेरा जीवन तेरा यौवन
होगा सबको तब प्यारा ।

ईंट-ईंट से जुड़ते-जुड़ते
बनता इक स्तूप यहां
गारा मिट्टी जब लगता है
बने नया इक चैबारा ।

क्षण-क्षण बीता जाता जीवन
क्षण-क्षण को तू कर्म बना
कार्य देव है कार्य ही पूजा
कर्म ही अपना धर्म बना ।

ईश वंदना जैसा रखना
कर्म का तू स्थान यहां
तभी बनेगी जीवन में
कुछ तेरी पहचान यहां ।

57

तू हारना ना जंग

वार से डर कर कभी हारना ना जंग
सुख की चाह जो करें तो कष्ट भी सह संग
बनके बांसुरी जरा समझ जीवन की कथा
संगीत में छिपाये है क्या दर्द व अपनी व्यथा ।
चोट सह हजारों छिद्र-छिद्र होता जब बाँस
बांसुरी की तान में आती संगीत को है साँस
सुरों की उपज को देख सराहै गीत हम
सुर ध्वनि में डोल जान पायें न हम उसका गम ।
सा रे गा मा पा धा नि सा, सुर संगम हो तो कुछ ऐसा
वार भूल सब जार-जार हो
बांस का टुकड़ा बांसुरी जैसा
जीवन को आयाम नया दे गीत को फिर अंजाम नया दे ।
सह पीड़ा को अपनी जग में खुशियों की वो तान जगा दे
हार के अपना तन-मन भी तू जीत का सबको गान सुना दे
फिर पायेगा जग में सुन्दर यौवन का मुकाम नया तू
दुःख-सुख तो जीवन का संगम तू अपनी पहचान बना दे ।

कर्म की मदिरा

जीवन कलश में भर ले बंदे कर्म की तू ऐसी मदिरा
छोड़ जहां को जब जाये तो हो ना तुझको रंज जरा
डूब के इस मदिरा में भर ले तन-मन में इक नया सुरूर
जब मुड़ के देखे जीवन को आत्मा में हो गुरूर ।
खाली मुट्ठी भले ही जाये छोड़ जहां को जब जाये
किन्तु कर्म की उज्जवल शक्ति बने तेरे चेहरे का नूर
नीरस जीवन जीना भी कोई जीना है रे ए गाफिल
जीवन में भर कर्म का रस तो मौत भी तुझसे रहेगी दूर ।
पी के अमृत कर्म का प्याला तू चलना मतवाली चाल
जीवन साथी भी देखे तो हो तेरी मदिरा का मान
जहर का प्याला पीते सब है लेते मौत को गले लगा
कर्म की मह का प्याला पी कर तू यौवन को गले लगा ।
तेरे मद के आगे फीका हो हर मह का नशा जभी
तभी ख्याल करना की तूने कर्म की मह है चखी अभी
डूबके जब तू कर्म के मद में खोलेगा अपने नयना
मंजिलों को सामने पाकर होगा तुझको बड़ा नशा
भर सुकून की ठंडी सांसे फिर भी बैठ नही जाना
फिर से कर्म की मह को दूजी मंजिल हेतु अपनाना ।

हंगामा नही करते

हंगामा नही करते जो कुछ कर दिखाते है
शोले वही जो आग को अपनी छुपाते है
गलियों में जाकर ना वो शोर करते है
ना चीखते कहीं ना हुंकार भरते है ।
ले के लक्ष्य जिंदगी का मौन हो चलें
कि फिर समय को देखकर वो वार करते है
विपरीत हो समय तो बंदे मौन बैठ जा
भीतर से मगर जूझ खुद तैयार हुए जा ।
होने दे उम्मीदों के फिर लौह को गरम
तपने लगे जो वक्त तो प्रहार किये जा
उम्मीदों की रेल पर चलें दिल की सवारियां
आस हो मजबूत और जुनून हो जवां
और चल पड़े कदम एक लक्ष्य थामकर
मुश्किल के भंवर भी वहीं पार करते है
ना चीखते हुँकार भरते है ।

जरा सा जोखिम उठा के तो देख

मौत को आना है आयेगी इक दिन
भय मौत का जिंदगी को ना छीने
जिंदगी की दुआ तो करते सभी है
मौत को गले से लगा के दिखा
जरा सा तो जोखिम उठा के दिखा ।

आसमां में उड़े जो परिंदा यहाँ
मौत से डर ना रहता वो जिंदा यहाँ
जल की गहराई में डूब पाती जो मीन
काटती है उसी में वो जीवन के दिन ।

काटती लहरों को ताकत से अपनी
आस जीवन की करती है शक्ति नवीन
चांद को देखकर जो चांदनी हम है पाते
कभी उसके अंधेरे नही देख पाते ।

मांग सूरज से रोशन है उसका जहाँ
फिर भी उसमें उदासी दिखती कहाँ
नित सांझ को बनाता है ये आशियाँ

भेजता है जहान में सुखद रश्मियाँ ।

सूर्य क्या है सुखद स्वयं के लिये
आग को है समेटे जो अपने हिये
करता जग में उसी से जो रंगों का नूर
जो सूरज न हो तो जहां ही बेनूर ।

धरती ने सहे है कितने प्रहार
प्रकृत्ति का दिया है फिर सुन्दर उपहार
हो प्रताड़ित भी बाँटे है हर पल-पल खजाना
दर्द उसका है कितना किसी ने ये जाना
सहके दुःख मौत सा जिंदगी ये है देती
वरना इसे दुनिया क्या "माँ" कहती ।

सहना पड़ता है दुःख-सुख को पाने के लिये
जल-जल के ही रोशन है होते दीये
गर तुझको भी कुछ है जो पाना यहाँ
सीख ले तू भी जोखिम उठाना यहाँ
सूर्य सा जो बने, ना तो कुछ गम नही
किन्तु जुगनूओं से तू होगा जरा कम नही
चाहे पल को ही रोशन हुआ तो हुआ
जिंदगी में रोशनी का सुख तो लिया ।

61

जीवन की बन मुस्कान

अश्क के दरिया में डूबा ये सारा जहान्
बन जा जीवन की बंदे तू मुस्कान
आस के अरविन्द प्रफुल्लित हो हरदम जहाँ
ले के रहना उसी पोखर में विराम ।
अरमानों की नैया निराशा के भँवर में
कहीं डूबने पाये ना देखना
आस की पतवार चलाना उसी दम
तू जोश का अपने असर देखना
हौसलों के जीने पर चढ़कर यहाँ
पग-पग तू अपनी डगर देखना ।
"दुर्ग" होगा फतह जिंदगी का तभी
खुदी पे होगा खुद फकर देखना
कुदरत भी नम जाये जुनुं से तेरे
फिर ना होगा जमीं पर कहर देखना
थाम कर जिंदगी की कमान
और बना ध्येय का फिर मचान

साध कर लक्ष्य मंजिल का अपनी
गाना फिर विजय का उत्साही गान
बन जा जीवन की बंदे तू मुस्कान ।

62

जर्रे-जर्रे की ताकत

बिन्दु-बिन्दु राई जब पर्वत होता है
बिन्दु-बिन्दु श्रम इक डगर होता है
लक्ष्य के स्तूप पर प्राचीर मंजिलों का
तो दुर्ग फिर ढहने का ना डर होता है ।
जर्रा-जर्रा रेत बनाती एक घरौन्दा
जर्रे-जर्रे ने मिल मानवता को रौंदा
अणु-अणु की ताकत बना एटम बम
लगा बताने अणु-अणु में देखो कितना दम ।
कण-कण को सहेज कर जब रखोगे
क्षण-क्षण का लाभ जीवन में लोगे
पल-पल जो बीता तो वो कल होगा
वर्तमान का पल भी फिर बीता पल होगा ।
भूत-भविष्य व वर्तमान को तुम पहचानों
बिन्दू-बिन्दू श्रम तुम लोहे के जैसा मानों
स्वेद का इक-इक कण देखना रंग लायेगा
बिन्दू-बिन्दू तुमको मंजिल दे जायेगा ।

॰৩

63

श्रम को कर्म बना

हौंसलों पे अपने जो एतबार करते है
सागर की सरहदें फिर वही पार करते है
भरने को तो भरता है, पेट भिखारी भी यहाँ
खाना उन्हीं का सार्थक जो कार करते है ।
देने लेने का नाम है दुनिया लोगों
हिम्मत वाले ही श्रम का व्यापार करते है
बुद्धि काफी नही, कुछ कर दिखाने को
करते है 'कुछ' वहीं स्वप्न साकार करते है ।
जो डूबना जानते है मुश्किलों के सागर में
हिम्मत की पतवार से भँवर फिर पार करते है
उद्यमी डूबते नही भविष्य की कल्पनाओं में
श्रम को कर्म बना कल्पना साकार करते है ।
असफलता एक चुनौती है सफलता की सीढ़ी है
असफलताओं पर सिसकियाँ लाचार भरते है
हौंसलों पे अपने जो एतबार करते है
सागर सी सरहदें वही फिर पार करते है ।

<u>64</u>

जूझना ही जीत है

जीना है तो फिर सीख लो धाराओं को ठेलना
उबरना जो कभी चाहो तो भँवर से खेलना
जीवन है गहराई वो उदधि की यहाँ
तू बनके गोताखोर किनारों से खेलना ।
बुद्धि की पतवार को कर में संभाल कर
स्वयं को तूफान के मंझधारों में ठेलना
जूझना ही जीत है जीवन के समर की
जूझ-जूझ कर ही तू लहरों को पेलना ।
पायेगा साहिल तभी जीवन के छोर का
पायेगा फिर छोर तू जीवन की डोर का
मन की उद्धेलना को तू फिर उड़ेलना
है जिन्दगी यहाँ ए दिल अंगारों से खेलना ।
बुझ-बुझ के जो जलती रहे जीवन ना वो शमां
धधके और बुझ भी जाये तो है जिंदगी यहाँ
करके कुछ दिखा यदि जो जन्म है लिया
है जिन्दगी नही यूँ ही जीवन को ठेलना
जीना है तो फिर सीख लो धाराओं को ठेलना ।

∞

65

स्वप्न को कर्मों से जोड़

संघर्ष के समर को दौड़
स्वप्नों को कर्मों से जोड़
स्वेद फिर अपना बहा
बना हसीन आशियाँ
उठ के चल, उठ के चल
बीते ना ये श्रम के पल ।
समय ना तुझसे आगे है
तू समय को पीछे छोड़
जूझ तू दिशाओं से
विपरीत इन हवाओं से
कँटीली टेढ़ी राहों से
दर्द की इन आहों से ।
चल दे सुख उदधि की ओर
तुझे पुकारें मंजिलें
छूटे ना तेरे काफिले
बन ना जाना गाफिल तू
निश्चय पाना मंजिल तू ।
मंजिल तेरे ओर छोर

देख खुशियों का जहाँ,
कर्म से विजय यहाँ ।
हो करम ही गुलिस्ताँ
लगा दे अपना पूरा जोर
मत मचा तू इतना शोर ।
फतह का गीत गा के देख
खुद को जरा झुका के देख
खुद ही अपने दिल से पूछ
कर्म में जो किया है कूच
भँवर में तुझको है ना ठौर
संघर्ष के समर को दौड़
स्वप्न को कर्मों से जोड़
स्वप्न को कर्मों से जोड़

66

तू जो चाहे

तू जो चाहे आसमाँ के तोड़ के लाएँ तारे
चाहो तो काँटो को कर दे फूल चमन के सारे
तू चाहे तो मोड़ दे मुख बहते दरियाओं का
चाहे तो पलट दे रूख बहती पुरवाओं का ।

तू चाहे तो विरानों में भी खिला दें हँसते फूल
तू चाहे तो बीहड़ में से चुन लें सारे शूल
तू चाहे तो आसमाँ भी झुक जाये धरनि पर
धरनि को आकाश बना दे जो आये करनी पर ।

चाँद पे जा के आशियाँ अपना तू फिर नया बसा ले
तू चाहे तो सूरज से भी बढ़ कर करदे उजाले
तू चाहे तो चीर धरा को बहा दे जल के चश्में
धार को भी गुलजार बना दें यह भी तेरे बस में ।

तू वह शह है उड़ता अर्श में बनके पंछी जैसा
तू ही है जो रागों में भी बजता बंशी जैसा
खुदा नही फिर भी खुदा सी बन्दे ताकत तेरी
मुख क्यों देखे फिर खुदा का, करता क्यों है देरी ।

खुदा ने दी है, खुदी तुझे, तू खुद ही खुदा के जैसा
पीर नही, पैगम्बर नही, तू बन उस दुआ के जैसा
हाथ फैला जो रब से माँगे, रब से वो क्या पाये
कर्मक्षेत्र में फतह करे जो खुदा वही कहलाये ।

67

पल-पल को गौर करो

घटती रहती है घटनाएँ जो जीवन के प्रतिक्षण में
हर पल की निगरानी करके रखना उनको जहन में
क्या जाने कब कौनसी घटना बदले जीवन रेखाएँ ?
क्या जाने कब कौनसी धारणा बदले भाग्य सीमाएँ ?

कभी-कभी कोई घटना ही बदल जाती है जीवन को
ना मानो इतिहास उठा के देखो दयानन्द लिंकन को
राम, कृष्ण और मोहम्मद से पैगम्बर तो पैदा होते
किन्तु महापुरूष बनते है किन्हीं चकित घटनाओं से

पल-पल की घटनाओं को तुम जोड़ो ताना-बाना
पल-पल की करनी से जीवन में सच्चा है सुख पाना
जीवन सत्य को बदल के रखदे, किन्ही क्षणों की होनी
पल भर में करदें जोशीली अब तक की सूरत रोनी ।

खाकर ठोकर चलना सीखें पग पर नन्हा बालक
इक ठोकर से ही बन जाता कोई जग का पालक
घटना-घटना के जुड़ने से बनता घटनाक्रम जो
जीवन के नीरस पल में भी भरता रस का रंग वो

बीती घटनाओं को ना समझो वस्तु तुम परिहास की
जीवन की ये घटनाएँ ही रचना है 'इतिहास' की ।

68

संकल्प

निस्तब्ध निशा के बाद किरण

कोटि जतन से बना रतन

कली कली से खिला सुमन

इस तरह हुआ संकल्प का जन्म

प्रस्तावना

व्यक्ति बहुआयामी गतिविधियों का साकार रूप ही जीवन के प्रतिफल प्रतिक्षण में उसे विभिन्न प्रकार के अनुभवों का सामना करना पड़ता है कभी, जीवन उस पर हर्षोल्लास की बरखा लेकर प्रस्तुत होता है तो कभी निराशा व उदासी के गहन स्याह बादल उसकी जिंदगी का हिस्सा बनते है जीवन की उतार-चढ़ाव 'रूपी' धारायें व अवनति व उन्नति के अपकर्ष-उत्कर्ष रूपी सोपान पर कभी उलझता तो कभी सुलझाता यह निरंतर गतिमान होता है ।

जीवन के हर रंग का अपना विशिष्ट महत्त्व है, किन्तु निराशा वह दल-दल है जिसमें डूबने पर व्यक्ति से गर्त की गहराईयों की अपेक्षा ही कर सकते है । इसी दल-दल से निष्कासित करने हेतु संबल (डोरी)का कार्य करती है प्ररेणास्पद बातें या चंद रूबाइयां या दोहे या श्लोक या कोई छोटीसी तुकबंदी जो कि उचित अवसर पर उचित मार कर सकें, और निराश ह्यदय में आश किरण का प्रादुर्भव कर सके ।

मुझे आज भी याद है जब मैं छोटा था खेलते-खेलते गिर पड़ा तो पुनः न खेलने की मन ही मन सौगंध सी लेकर बैठ गया । किसी भी साथी का आमंत्रण मुझे पुनः खेल में प्रवृत कर सकने में असमर्थ था, किन्तु माँ द्वारा सुनाई गई शायरी

गिरते है शह सवार ही मैदाने जंग में

वो बुझदिल क्या गिरेगा जो घुटनों के बल चले ।

ने मुझमें उत्साह व उमंग का ऐसा संचार किया कि पुनः कभी किसी चोट ने मेरी गतिशीलता में अवरोध उत्पन्न करने की ताकत नहीं की ।

आज ऐसा दौर है वहाँ व्यक्ति अधिक से अधिक की प्राप्ति हेतु दौड़ भाग में जुटा यंत्रवत गतिशील है, किन्तु सहज सफलता ना मिल पाना उसके जीवन में अवसाद व निराशा का कारण बनता जाता है और उसकी गतिशीलता जड़ता का रूप ले लेती है तब वो समझौतावादी बनकर तनाव को जीवन का अंग बनाकर वक्त के थपेड़ों में इत-उत भटकता रहता है । हांलाकि प्रेरणा के कई ग्रंथ यहां बिखरें पड़े है जो कि व्यक्ति को उत्साहित कर सकते है व कर्मशील बना सकते है, किन्तु छोटे-छोटे पद्यों में मैने व्यक्ति के उन सभी आयामों को समेटने की कोशिश की है जो कि उसकी उदासियों के तिमिर से बाहर निकाल कर उल्लास व उत्साह के सवेरे से परिचित करेगें । जीवन में रोमांच भरकर उसे गतिशील बनने हेतु स्वप्रेरित करेगें ।

मेरा यह प्रयत्न मूल तथा मेरा स्वयं का विचार है किन्तु मुझे आशा ही नही पूर्ण विश्वास है कि यह सैकड़ो अंधेरी जिंदगियों में आशा की लो जागृत कर उन्है मंजिलों के निशां बता सकेगे । यह गीत व्यक्ति-व्यक्ति के होठों की छुअन बन गीता की वाणी के समान गुंजरित हो, कर्म के क्षेत्र में फिर से किसी अर्जुन को कृष्ण सा प्रेरित कर कूच करवा सकें । यही मेरी कामना मेरी अभिलाषा मेरी तमन्ना और ईश्वर से दुआ है ।

दुर्गा सिंह उदावत

कवि परिचय

नाम -   कुंवर दुर्गासिंह उदावत
जन्मतिथि -   26.06.1969
जन्म स्थान -   ग्राम जनासनी, तहसील-जैतारण
जिला -   पाली (राज.) 306302
व्यवसाय -   शिक्षक शिक्षा विभाग राजस्थान

www.ingramcontent.com/pod-product-compliance
Lightning Source LLC
Chambersburg PA
CBHW020609160726
47991CB00002BA/690